Über dieses Buch Aras Ören spricht von sich, aber auch von seinen türkischen Freunden und Mitbürgern, die wie er in der Fremde zu Hause sind, wenn er schreibt: »Soll dieses Jahrhundert nicht am Galgen enden, dürfen wir nicht mehr von Grenze zu Grenze geschoben werden, mit dem Koffer in der Hand . . .«
Heimatlosigkeit und das Erlebnis der Fremde sind die Themen seiner »Odyssee«. In autobiographischen Poemen, in Gedichten vom Wein, von der Liebe, von Rosen und anderen Dingen, in poetischen Miniaturen aus osmanischen Märchen erzählt Aras Ören die Geschichte seines »Privatexils«, das ihn aus Istanbul nach West-Berlin und auf vielen Reisen durch Europa führte.
In Berlin, der Fremde, fühlt er sich zu Hause, und ist auch die Melancholie »eine in (s)einem Inneren aufgehängte Mondsichel«, »du nimmst . . . deine Sprache mit. Sie wird dich in neuer Umgebung neu erschaffen, dich selbst: mit Leid, Hoffnung und Liebe.«

Über den Autor Aras Ören, geboren 1939 in Istanbul, war Schauspieler und Dramaturg. Seit 1969 lebt er in Berlin als Rundfunkjournalist und Schriftsteller. »Mitten in der Odyssee« ist sein siebter Gedichtband. Zwei seiner Poeme wurden vom Fernsehen verfilmt.
Als Fischer Taschenbuch erschien bereits: »Deutschland, ein türkisches Märchen« (Bd. 5130).

Aras Ören

Mitten in der Odyssee

Gedichte

Aus dem Türkischen von
Gisela Kraft

Fischer
Taschenbuch
Verlag

Fischer Taschenbuch 5777
Januar 1983
Umschlaggestaltung: Jan Buchholz/Reni Hinsch
Abbildung: Petra Maria Kammann
Fischer Taschenbuch Verlag GmbH, Frankfurt am Main
Diese Lizenzausgabe wurde mit freundlicher Genehmigung
der Claassen Verlag GmbH, Düsseldorf, um folgende
drei Gedichte gekürzt:
»April 1978«, »Eine Stadt kennen«
und »Nazim's Leidensweg vielleicht«.

Gesamtherstellung: Hanseatische Druckanstalt GmbH, Hamburg
Printed in Germany
680-ISBN-3-596-25777-8

Inhalt

I

Biographische Notizen

Das Hochwasser verlief sich,
der Sand wurde gesiebt,
drei Dinge blieben zurück:
Hoffnung, darin
Freude, darin
Weisheit.

Im Jahre 1939,
im Monat November des Jahres 1939
bin ich geboren.
Auf der Welt war Krieg,
Gefeilsche, wem welches Stück
von ihr zusteht.
Mein Vater schrieb in eine Ecke
meiner Geburtsurkunde die folgende Notiz:

> In der Nacht vom 31. Tag des I. Teschrin
> zum 1. Tag des II. Teschrin
> um 2 Uhr 30 ist Aras geboren.

»Und immer noch ein paar Lachfalten auf unseren Gesichtern, schaut nicht so, wir sind eben alt geworden:

> Das Jahr 1942 –
> Wir bekamen die Lebensmittelkarte
> für Angestellte.
> Das erste, was unsere Schande bedeckte,
> war Baumwollstoff, made in America.
> Und Brot und Zucker und Milch,
> all das bedeutete
> zwei müde Schultern.

Ich kannte meinen Vater nur müde.«

(aus: »Gute Gesichter«, 1965, aus dem unveröffentlichten Manuskript »Sefilname«)

Wir wohnten im Stadtteil Bebek in einem dreistöckigen Holzhaus. Mein Vater war Bauingenieur. Es ging uns eigentlich nicht schlecht, unser Haus gehörte zu den größten in der Gegend. Aber wir lebten mitten im Elend.

Möbel, die dastehen
und sich dabei ständig verändern,
die Spiegelkonsole, das Klavier,
auf dem Tisch die Keramikvase
mit gesprungenem Rand,

Verhänge aus schwerem Stoff,
in der Ecke die gepolsterte Sitzbank,
deren Holzgestell knarrt,
wenn man sich darauf setzt.

(aus: »Beziehungen«, 1965, aus dem unveröffentlichten Manuskript »Sefilname«)

1959 geriet ich zufällig ans Theater.

Schauspiel

»Diese alte Bühne
Alte Bretter
Mit neuen Leuten darauf
Der Name des Stückes heißt
Verrücktes Zeug
Als meine Flöte

Das nie verklingende Lied der Zeiten
Zu spielen beginnt
Für die Dauer der nie verrinnenden Zeit
Verrückt zu spielen
Das neue Spiel
Auf der alten Bühne«

(aus dem Buch »Abend der Verlassenen«, 1960)

Von 1950 an spielten sich in der Türkei große Veränderungen ab, die sowohl struktureller wie auch sozialpolitischer Natur waren. Diese Veränderungen machten sich in jeder Gesellschaftsschicht bemerkbar. Zuerst langsam, ab 1960 immer unaufhaltsamer, führten sie das Land in eine Überlebenskrise, an die Schwelle des Zerfalls, indem sie neben der wirtschaftlichen Inflation auch eine Auflösung aller Werte mit sich brachten. Nicht nur die Türkei machte diesen Wandel durch, auch in den hochentwickelten Industrieländern, in denen das Wirtschaftswachstum nie gekannte Ausmaße annahm, mußten im Zuge einer weltpolitisch zu steuernden Konjunktur alte Strategien aufgegeben und neue Wege gefunden werden, ergriff die Veränderung auch das Bewußtsein.

I

Ein häßlicher Mond kommt herauf
– eine schreckliche Nacht –
aus den Teichen springen die Fische.
Das Meer ergießt sich in den Wald,
im Waldmeer hängen freudetrunkene
Neger ihre Füße ins Wasser.
Tote Insekten ringsum verstreut...
Auf den Vorhöfen der Kathedralen
Tauben ohne Flügel, und lange
weißgedeckte Tische, angestarrt
von hungrigen Augen.
Auf den Tischen in langen Reihen
Leute mit zusammengeschrumpften Herzen,
und Speisen, wer weiß woher und womit
zubereitet, serviert auf weißgedeckten
Tischen, und Leute davor in Reihen,
mit zusammengeschrumpften Herzen...
Ein alter Bey, in einer solchen kalten Nacht
– aber ist das nicht ein uralter Anfang –
dazu drei Töchter und ein Neffe, ja –
dazu in einer solchen kalten Nacht,
das Heer zerstreut, im Kerzenlicht ein breiter Schatten,

schmeckt eine Niederlage, so recht nach eines Bey Geschmack.
Sein Aug das Aug des Panthers in der Falle.
An sein Herz denkt er nicht mehr.
Die Neger haben die Füße
aus dem Wasser gezogen
und nehmen Platz am Tisch des alten Bey
– die schrecklichste aller schrecklichen Nächte ist das –
am Himmel ein häßlicher Mond,
und aus den Teichen springen die Fische.
Das Meer ergießt sich in den Wald.
Das Meer ergießt sich in den Wald.
Tote Insekten ringsum verstreut.
Ja, da lachen die Sterne in uns allen,
lachen die Sterne.

II
»Ja, vor den kommenden Tagen
beugen wir alle die Knie,
vor den Tagen des Gleichklangs und der reinen Herzen,
und ein Taubenpaar kommt mir in den Sinn,
die Tauben deiner Augen ...«

(aus dem Buch »Meine recht großen Augen«, 1964)

Von Unterbrechungen abgesehen arbeitete ich zehn Jahre am Theater. Wir wollten das herkömmliche türkische Theater verändern. Die Theaterleute meiner Generation waren damit auf ihre Weise erfolgreich: Sie richteten das Theater zugrunde. Erfolgreich waren jedoch auch tonangebende Vertreter einer provinzlerischen, nachäffenden Bourgeoisie, die ihren seichten Geschmack und ihre Profitsucht als Maximen durchgesetzt hatten.
Ich war unzufrieden. Wir waren eine Generation ohne Identität. Was der Westen jahrhundertelang und Klasse auf Klasse an Kulturleistungen geschaffen hatte, das hatte uns zwar infiziert, stand aber zu unserem Leben in

keinerlei Beziehung. Gleichzeitig stieß uns die degenerierte, verlogen-traditionalistische Kultur unseres eigenen Lebenskreises ab.
Ich packte meine Sachen und ging nach Berlin. Diese Stadt, die ich schon einmal monatelang vagabundierend durchstreift hatte, jagte mir bei meinem neuerlichen Kommen Angst und Schrecken ein. Ich erhielt eine Lochkarte und fand mich als Hilfsarbeiter in einer Fabrik.

Geister-Stadt

»Los, lauf!
Die Häuser stehen verlassen.
Im rostigen Wasser des Kanals
sterben die Fische.

(Jetzt schwimmt ein Stück Zeit vorbei,
aber nichts hat sich verändert:
ein Kind, das mit einem Nilpferd spielt,
ein Blinder,
eine Frau, die man liebt.
Lieben heißt: sich aufbrauchen.
Nichts hat sich verändert.
Ein Strichjunge hält seinen Hintern hin.
Nebel zieht auf,
am Himmel Kohlenstaub ...)

Los, lauf!
In den Fabriken laufen die Maschinen,
die morgens wie Ungetüme
auf die schläfrigen Augen warten.

Sei verständig und fügsam.
Hier herrscht Demokratie,
da heißt es stillhalten.

(Da kommen Stunden, die stehlen deinen Namen
von der Erde. Du bist alt geworden,
alt wie eine Nonne, die ihre Brüste vertrocknen läßt.)

Los, lauf!
Es ist nicht leicht, in Frieden zu leben.
Der Mensch muß Freiheit schnuppern – doch frei sein
ist etwas anderes.
Der Mensch muß die Völker in Schlaf wiegen in seiner
  Brieftasche,

doch Völker in Schlaf zu wiegen
ist eine gefährliche Sache.

Los, lauf was das Zeug hält!
Eh diese Geister-Stadt
über dir zusammenfällt.«

(aus dem Buch »Disteln für Blumen«, 1970)

Jetzt lebe ich seit zehn Jahren ohne Unterbrechung in meinem »Privatexil« in Berlin, die Hälfte davon in Kreuzberg.

Die Straßen von Kreuzberg

»Tief ausgeschabte
lange Gräben,
in die kaum Sonnenlicht fällt,
das sind die Straßen von Kreuzberg.

Dicke Frauen
mit blauen aufgeplatzten Krampfadern,
Gemüsekörbe schleppend,
tagaus tagein unterwegs.

Ein Besoffener schreit, zwei Kinder lachen,
drei Türken spucken auf den Gehsteig.

Der freien Marktwirtschaft
fiel vor Zeiten die Freiheit zum Opfer
in einer Hölle aus Zahnrädern, Stechuhren, Fließbändern.

In diesen Straßen
leben die Leute mit einem Kapital gleich Null,
ihr Schweigen ist durchsichtig
wie Glas, wenn sie
das verdammte Dasein
mit Alkohol herunterspülen.

Ein Besoffener schreit, zwei Kinder lachen,
drei Türken spucken auf den Gehsteig.«

(aus dem unveröffentlichten Manuskript »Sefilname«, 1970)

Berlin, Februar 1978

Sitzen und Atem holen
im Rhythmus des leise wippenden Schaukelstuhls
eins vor eins zurück,
im Gelebten das noch zu Lebende
anmerken
mit breiten Strichen.

Was flog, waren Vögel –
Falken,
Kraniche.

Frauen waren noch Frauen,
rätselhaft, sehnsüchtig,
(wenn du die Hand ausstreckst, schauderst du,
wenn du die Hand ausstreckst, kannst du nichts ausrichten),
die Luft war lau.

Zuhause gab es
kein weises Zureden,
doch viele Verbote.
Wohin ich mich drehte: die Verbote
hielten mich fest.

Weise Reden
hatte ich in den Büchern entdeckt.
Bücher waren stumme Freunde,
packten mich an der Hand
und zogen mich ins Freie.

Und:

> Die Gier des Unterdrückenden
> wächst mit der Unterdrückung
> ...

Die grausamsten Menschen
sind die schwächsten
. . .

Die Pioniere der Menschheit
nehmen die meisten Leiden auf sich

– Maximen wie diese
waren meine heimlichen Führer,
die meine Verbeugungen entgegennahmen.

Mit Verbeugungen und Verboten –
he Leben,
was bist du für ein Riesenspaß!

Und du in der Blutrünstigkeit deiner 20 Jahre,
angeödet oder übergeschnappt,
die fremdklingenden Wörter wurden zwar
schon vor die niedergeschrieben,
mit denen du (sorgfältig
auf ihren magischen Zauber achtend)
Verse aufreihtest,
aber den Schlüssel
zu den Schlössern jener artigen Verse,
den ersten Geheimnissen deiner Biographie,
in Worte und aufs Papier gebracht,
den hattest du in der Hosentasche –
zum Beispiel nimm diese Zeilen hier
von 1959:

Laß uns entkommen aus den vier Wänden
die uns in schmutzigen Gedanken
mit Hurenblicken gefangenhalten

Der Schlaf ist ein Messer: er teilt
die Hoffnungslosigkeit in zwei
Doch komm, heute wollen wir beide
weit draußen sein, laß uns nicht schlafen
unter den Blicken der Huren
Meine Hände, gefesselt
an einen Insektenverstand: für Zärtlichkeiten

taugen sie nicht
Wenn Ekel und Leere Tropfen um Tropfen
von den Wänden nach innen rinnen
laß uns genesen
in der Freiheit des Grüns, der Bläue
und aller Farben jenseits des Purpur
Komm wenn du magst
laß uns noch nicht geboren sein

Wer herrscht, ist der schönste Staat

Was ist die treibende Kraft in unserer Persönlichkeit?
DER STAAT HAT RECHT. WER RECHT HAT, HERRSCHT.
WER HERRSCHT, IST DER SCHÖNSTE STAAT!

Dieses ist der weder niedergeschriebene noch mündlich vorgetragene Bericht über die Lage der Landbevölkerung im Osmanischen Reich um die Mitte des 18. Jahrhunderts:

... Wenn schließlich der Boden nichts mehr hergibt, was soll man machen? Sich zu bescheiden steht einem Knecht wohl an, aber der Magen ist leer, der quälende Hunger läßt sich durch nichts stillen, außer, du gibst ihm etwas zu essen. Aber man könnte ja weggehen und sich einen anderen Platz im Lande suchen, dieser Gedanke hat soviel für sich, daß es uns kaum noch an Ort und Stelle hält. Wir wollen Hacke und Pflug hinwerfen und auf und davon gehen. Doch sie lassen uns nicht. Bei jedem Schritt weg von unserem angestammten Platz versperren uns Verbote den Weg, oder sie schicken gleich ihre Berittenen hinter uns her.

Warum wohl? Was geht sie das eigentlich an? Wenn wir darüber nachdenken, kommt uns bald in den Sinn, daß sie wohl einen Vorteil aus unserer Lage ziehen. Sie wollen, daß wir, wie angewachsen und ohne uns zu rühren, an unserer Scholle kleben, damit sie von uns in der von ihnen festgesetzten Höhe Steuern eintreiben können. Der Wert der wenigen Silberasper, Erlös unserer Feldprodukte, fällt ständig. Die Steuern aber sind gleichgeblieben, sie wur-

den einmal nach der Bodenertragsmenge festgesetzt. So kommt es, daß die ordnende Hand des Staates nicht mehr zum Guten wirkt und daß die uns versprochenen Dienste und Zuwendungen Versprechungen bleiben. Die Schuld dafür schieben die Staatsvertreter uns in die Schuhe und fordern uns, um ihre eigenen Taschen zu füllen, obendrein Gebühren ab, die das Gesetz an keiner Stelle erwähnt. Dies alles steht vollständig in ihrem freien Ermessen. Meist müssen wir viel mehr bezahlen, als in den Tabellen steht. So haben wir jede Existenzgrundlage verloren. Die von den Staatsvertretern und Beauftragten im Namen des Staates betriebene Ausplünderung wird ganz nach Lust und Laune gehandhabt und ohne daß jemand Rechenschaft verlangt. Denn es ist ja auch so, daß, je weniger ein Silberasper heute wert ist, man um so mehr aus unseren Beuteln herauszuholen versucht. Zu guter Letzt sollen wir dann noch Soldaten werden und unser Leben hingeben. Für den Einsatz unseres Lebens verspricht man uns Geld – aber wann ist es schon vorgekommen, daß ein Soldat aus dem Feld mit vollen Taschen heimgekehrt wäre?
Es gibt auch Dienstleistungen des Staates an uns. Aber die sie ausführen, tun so, wenn sie sich zu Stempel und Siegel bequemen, als ob sie sich zu einer unendlichen Huld herabließen. Auf diese Weise erzeugen sie in uns ein Gefühl, als hätten wir unser Weiterleben allein ihren Wohltaten zu verdanken. Das ist genau, was sie wollen: ohne Klagelaut die Ausbeutung ertragen und obendrein noch dankbar sein. Aus der Schilderung unserer Lage mag aber deutlich werden, daß wahrlich kein Grund besteht, für irgend etwas dankbar zu sein. Sie wollen, daß ihre Art zu regieren niemals aus Macht und Mode kommt. Zeigst du Unzufriedenheit, bringen sie dich zum Schweigen und bescheinigen dir Undankbarkeit. Hat man nicht alles für dich getan? dir nicht jeden Wunsch erfüllt? sagen sie. Kann man eines Menschen Hände fesseln und seine Zunge abschneiden und hinterher sagen: Du darfst alles tun, was du willst. Du darfst jeden Wunsch aussprechen –? Oder reiße einem Vogel die Flügel aus und laß ihn dann frei und ruf: Nun flieg einmal schön – Uns ergeht es genau wie

diesem Vogel und diesem Menschen. Hat man so etwas je gehört? Sind derlei Dinge je in Büchern beschrieben worden?...

Dörfler, flüchtend, und
berittener Lehnsherr, hinter ihm herjagend

(Dialog aus einem Schattenspiel)

BERITTENER LEHNSHERR

Wohin lauft Ihr,
Flüchtling,
wohin?

DÖRFLER

Ich bin ein Hase,
du ein Windhund.
Wenn ich nicht flüchtete,
würde ich meine Natur verleugnen
– solange noch Hoffnung ist zu entrinnen.

BERITTENER LEHNSHERR

Wie willst du hier wegkommen?
Hat einer das je geschafft?
Wohin?
Und warum überhaupt?

DÖRFLER

Der Boden, heiß.
Der Boden, trocken.
Kein Rinnsal,
nur der Schweiß.

Die Nacht, die uns einhüllt,
immer dichter und dichter,
auch über Tag.

Unser schlafendes Schicksal
in einem tiefen Brunnen,
wehe, in einem tiefen Brunnen,
wehe, nicht aufzuwecken.

BERITTENER LEHNSHERR

Wurde euch nicht gesagt:
»Das ländliche Volk ist der Segen der Welt« –
kennt ihr das Wort nicht,
habt ihr nicht zugehört?

Doch reicht ihr nicht an den Staat heran.
Der alles vollbringt,
dem alles gelingt,
der seinen Knecht auf Händen trägt.
Was für Narren ihr seid!

Hat er dir nicht alles gewährt?
Hat er es nicht eingerichtet,
daß du das Land bestellst
und Weinberge, Obstkulturen, Gemüsefelder
zur Nutzung erhältst?

Hast du kein Haus,
kein Weib nach deiner Wahl,
kannst du dir nicht die Welt
nach deinen Wünschen einrichten,
bist du nicht frei, zu tun und zu lassen,
was dir gefällt?

Nein, sagst du, der Boden ist heiß,
der Boden ist trocken,
ich gehe weg von hier, mich kann
keiner aufhalten.
Was aber ist der Boden wert
ohne dich?

Und ein Staat ohne Boden
ist ein Soldat ohne Arme,
und ein Soldat ohne Arme,
was ist der wert?

Darum, zu seinem eigenen Fortbestand,
behielt der Staat sich vor,
über die Nutzung des Bodens zu wachen.

Und du bestelle ihn!
Die Hand, die Rosen reicht, verrät man nicht.
Ja, du wirst ihn bestellen!
Dies ist der hoheitliche Befehl,
dem keiner zuwiderhandelt.
Und vergiß nicht, zu danken
und Amen zu sagen
für so viel Wohltat.

(aus einem Fragment, 1967)

Ein Faktor der Persönlichkeitsentwicklung in Asien ist die Philosophie vom weisen und zweckbestimmten Dasein des Staates

Sag ehrlich, könntest du so
allein leben, allein zurechtkommen?
Sieh, wie riesig und schwer die Berge
daliegen, es braucht Kraft, sie zu besteigen.

Sieh, wie ausgedörrt und wild,
verschlagen wie eine Schlange die Erde.
Sie schwemmt davon
im Hochwasser.

Das Unwetter bricht los und trägt die Berge ab,
später in der Ebene ein Wasserrest,
reglos und eingedämmt zwischen runden Felskuppen.

Dann die Hitze.
Das algengrüne Wasser stinkt, abends
quaken die Frösche, die Sterne schwimmen darin,
so breit ist das Wasser.

Sag ehrlich, wenn dir die Erde gehörte,
was würdest du machen und wie leben?
Und wie mit dieser Gewalt umgehen?
Eine ausweglose Sache –

Dein Klepper und dein magerer Ochse, genügen sie,
die zu Tale schwemmende Erde zu halten?

Und das Wasser in der Ebene zum Fließen zu bringen?
– damit sie dein wäre, die Erde –

Oder sagen wir, daß es gar nicht so kommt,
daß der Boden in der grellen Hitze
schartig und aufgesprungen liegenbleibt,
was würdest du tun?

Oder wenn Feinde kommen,
wer schützt dich vor ihrer Wut?
Du sagst jetzt: mein Freind
ist auch mein Bruder,
er kann mir nicht schaden.
Glaubst du wirklich, daß er dir sein Lachen zeigt?
Sein Auge hat er auf deinen Speicher geworfen.

Es gibt auch herumstreunende Banditen,
wer sollte mit denen fertig werden?
Wer spürt sie auf
in ihren Höhlen und Bergnestern?
Kannst du dich wirklich gegen etwas stellen,
was dich vor alledem
behütet?

Denn der dir Haus und Straße baut,
zu Diensten steht,
vertraut
und alles schenkt,
es ist der Allerhalter Staat –
der deine Hand nimmt
und dich lenkt.

(aus einem unvollendeten Text 1967)

Der Staat bezwang das Individuum.
Jetzt nagt das Individuum am Staat.

Seit Jahrhunderten verknotet sich die Geschichte Anatoliens in Istanbul. Diese Geschichte ist zum Teil die Geschichte eines Kapitalismus, der sich nicht entwickeln konnte. Zugleich ist sie die Geschichte halsstarriger Ver-

suche, den Kapitalismus durch Außenimporte zu beleben.
Das Ergebnis dieser Halsstarrigkeit ist armselig.

Die Eroberung Istanbuls fällt in das Jahr 1453

»Wie die Geschichtswerke berichten,
war Ostrom bereits ein Reich ohne Land,
in die Konstantinischen Stadtmauern zusammengezwängt.

Der doppelköpfige Adler im byzantinischen Wappen:
Emblem der Vormachtstellung von Handelsinteressen
am Ende der Seidenstraße
Täbriz – Trapezunt – Schwarzes Meer – Krim
beziehungsweise:
Sivas – Ankara – Istanbul.

Mit seinen Beratern über ballistische
Berechnungen gebeugt, saß der junge Sultan
im Serail zu Edirne, man debattierte über
Distanz und Widerstandsfähigkeit
der dreizügigen Mauern und mehrwällig
angelegten Bastionen.

Nun führt Mehmet der Eroberer
einen aussichtslosen Kampf: er versucht
die Macht der importierten Wissenschaft und Technik
aufzubieten, um im Namen
der Zentralherrschaft ein Knäuel aufzuwickeln, das
herunterfiel und sich verfilzt hat.«

(aus dem unvollendeten Zyklus
»Die Eroberung Istanbuls«)

Agonie der Geschichte Istanbuls in der Gegenwart

I
Zuerst war da ein zerknülltes Papier
in meinem Kopf, ich möchte sagen,
wie ein von starker Hand
zusammengequetschter Klumpen.

Ich entfaltete das Papier,
strich es vorsichtig glatt und wollte gerade
von mir zu schreiben beginnen,
da zerriß es, und der Stift fiel zu Boden.

II
Jetzt ist da mitten
auf dem zerfetzten Papier
ein Stempel mit Mond und Stern,
wer weiß, von welchem Schreiberling,
aus welcher Zeit, und vielleicht
von sich selbst vergessen.

III
Ja, wenn das Papier zerreißt,
und wenn ich von mir nicht schreiben kann,
dann wird der Stempel ein Auge,
mit Mond und Stern,
blickt von der Galatabrücke auf das Goldene Horn:

Der Schlamm steigt höher, in den rußigen Hafenkontors
kommt das patriarchalische Gewerbe zum Erliegen,
die Geduld ist aus den Fabriken geflohen,
hat sich in ruhlose Fäuste verwandelt.

IV
Und wenn der Osmane fort ist
und die riesigen Bernsteinperlen des Rosenkranzes

noch hierhin und dorthin rollen,
ist es ein anatolischer Provinzhändler,
Besitzer der Unfähigkeit
und unfähig des Besitzens.
Der Stempel also, auf dem zerfetzten Papier,
wie ein Auge,
und darin der alte Mond, der alte Stern,
schauen der großen Plünderung Istanbuls zu.
Und schlanke Tulpen, Nelken
zeitlos blühend auf einer Kachel,
verwelken und ärgern sich über die Zukunft,
warten darauf, von ihren unwürdigen Herren
aus der zeitlosen Kachel gerissen
und weggeworfen zu werden.

V

Dann, unter Klagen und Zagen und Jammerschlagen,
weint das Auge. Wohin es auch sieht:
getrocknetes Blut.

(Januar 1979)

Von der Vorzeit zur Jetztzeit

I
In alten Zeiten gab es dies oder jenes,
wovon man jetzt träumt, das alles gab es
in alten Zeiten.
Für meine Großmutter ist
die alte Zeit eine Zeit
vor der Zeit,
die mehr als ein halbes Jahrhundert
zurückliegt.
Sie erinnert sich, wie das erste Flugzeug
in Istanbul landete,
erzählt, wie die Leute
auf dem Taksim-Platz zusammenströmten.
Hat sich denn plötzlich alles
um ihren schrumpfenden Körper herum
verändert?
Begreift sie,
daß zum ersten Mal ein Mensch
seinen Fuß auf den Mond gesetzt hat?
Die Staatsform änderte sich, der Staat wurde Republik.
Die Mode veränderte sich, Wörter verschwanden,
können die neuen Wörter alles ausdrücken?

War die Veränderung ein Messer,
das auf das Alte einstach?

II
Ich bin ich, mit meinen Plänen und Zielen,
mal in dieser Lage, mal in jener,
die Mode wechselt,
aber ich bin immer ich.
Die Folgen dessen, was ich jemals tat,
haben auf einmal nichts mehr mit mir zu tun,
sie wirken auf mich,

sie verändern mich,
sie lassen mich eine Wirklichkeit
gegen eine andere eintauschen,
während ich auf meinen langen Beinen
immer noch ich bin...

Zur eigenen Vergangenheit die Tradition suchen

Der Saft stieg schwer im Mark der alten Platane
bis in die Knospen der Zweigspitzen.

Da ist eine Hand, die das Mark auswringt,
das Holz zwischen Wurzeln und Knospen
fault schon, stirbt ab, zerbröckelt unter der Rinde.
Wenn es so weiter geht, wird der Baum
eines Tages laut krachend stürzen.

Wo bin ich auf meiner Odyssee?
Warum streichelt mich Itri nicht mit seinen Gesängen?

Seit 1965 hatte ich eine fixe Idee: Ich wollte alle meine Gedichte in einer großen Sammlung vereinigen, die ich »Sefilname« nannte, das heißt etwa ELENDS-CHRONIK. Aber als ich in Berlin seßhaft geworden war, veröffentlichte ich viele Texte daraus unter anderen Titeln. »Sefilname« enthält Gedichte, die in meine Bücher keinen Eingang fanden. Auch »Plastikkoffer« ist eines dieser Gedichte. Ich hatte es in meinen Band PRIVAT-EXIL hineinnehmen wollen, aber der Verlag sortierte es aus. Hier ist es nun.

Plastikkoffer

Zuerst kaufte ich mir einen Koffer auf dem Flohmarkt,
so einen billigen aus Plastik.
Wer weiß, was der schon von der Welt
gesehen und wer den schon geschleppt hat,
erschöpft auf staubiger Landstraße.

Ich packte einen Umschlag mit Fotos,
einen Aktenordner Gedichte, ein paar Bücher,
zwei Hemden, dreimal Unterwäsche, Strümpfe,
Zahnbürste, Rasierzeug und Handtuch hinein.
Zwischen die Wäsche noch ein Sträußchen Lavendel,
die Reise konnte losgehen.

Jetzt ist mir, als hätte ich einige Dinge vergessen,
und die wären wichtiger gewesen
als Fotos, Gedichte, Bücher, Hemden, Wäsche,
Strümpfe, Zahnbürste, Rasierzeug und Handtuch.

Ich bin immer noch mit dem Plastikkoffer unterwegs,
aber ich bereue es nicht.
Wenn wir immer nur bereuen,
wie können wir da glücklich sein?
Woher dann das Lachen in unserem Gesicht?

2
Es geht weiter

(Gedichte von der Liebe, vom Wein, von Rosen und anderen Dingen)

Träumereien nach einem Spaziergang an einem frühen Abend in Berlin

Man bleibt stehen und stellt fest, die Zeit vergeht,
und mit ihr die Menschen,
und ziehst du dich noch so gut an
und legst dein bestes Parfüm auf...

Was gab ich den gelebten Tagen,
denke ich und schaue durchs schmutzige Fenster
auf die Straße hinunter, nach diesem Spaziergang
an einem früh hereinbrechenden Abend.
Dort unten ein Mann mit einem weißen Stock,
den Damm überquerend. Hätte ich alles
tun können, was ich mir wünschte,
wären doch immer noch Wünsche
übriggeblieben. Nur meine?
Nicht die der anderen?

An diesem Winterabend, an dem
früh der Nebel fällt und die Weihnachtseinkäufe
noch nicht erledigt sind,
sinne ich auf alle möglichen Ausflüchte,
um nicht schreiben zu müssen,
trinke noch einen Cognac

und:

schaue wie ein angehender Schauspieler
kokett nach links und nach rechts,
neugierig, ob hier
»wohl jemand ist, der mich kennt«
und suche nach Dingen, die mir erlauben
mich wichtig zu nehmen
in dieser melancholischen Stunde
eines zu Ende gehenden Tages.

Durch eine Schildpattbrille die Wohlstandsgesellschaft betrachten

Eines Tages kommt er nach Hause,
findet alles alt geworden,
in seinem Gemüt verhaspelt sich
Langeweile.

Er sieht sich um, weder ist das Fenster
an seinem Platz, noch die Panorama-Landschaft dahinter.
Auch die Tür ist woanders und das,
was hinter der Tür im Zimmer steht.

Er setzt die Schildpattbrille ab,
die Gegenstände verschwimmen.
Erinnertes verblaßt,
die Kindheit mit allen Spielsachen
sitzt auf seinem Schoß und zaubert
eine Welt aus Träumen.

Mit dem Weckerklingeln
wacht er auf.
Beginn einer sinnlosen Zeit mit
frühstücken, rasieren,
die Kindheit in die Hand nehmen
und im Kindergarten abliefern.

Hinter der Schildpattbrille
findet wieder das Leben statt,
Hetze auf Hochtouren
zwischen Aktenordnern
und Schreibmaschinengeklapper.

Keinesfalls wird er zugeben,
wie sehr er seinen Nachbarn beneidet
und wie sehr er sich abrackert,
um seinen Nachbarn neidisch zu machen.

Eine Selbstdarstellung des Mannes mit der Schildpattbrille

Was will die Seele des Fernsehers?
Meinem Auto jeden Wunsch von den Augen ablesen!
Die ledernen Überzüge der Sitzecke schonen!
Und daß auf dem Büfett nichts verrückt wird,
daß bunte Gläser und Nippes aus Porzellan
an seinem Busen ihre Ruhe haben!
Schweigt bitte und faßt nichts an!
Stört den Frieden meiner Möbel nicht!
Ach wie glücklich bin ich doch,
und mit all diesen Sachen
und 1000 km Geschwindigkeit
fährt mein Wissen, mein Feinsinn
und meine Unterschrift
zwischen Städten, Ländern und Erdteilen
hin und her!

Ja, so ist es, mein Glück
brauche ich dauernd auf.
Ja, so ist es, mein Glück
baue ich dauernd auf.
Ja, dieses Glück, durch die Schildpattbrille betrachtet,

soll ewig dauern...

Gedicht für A.

Gestern lief ich leise auf Zehenspitzen
den Kudamm hinunter, ohne
die Fotografen, Boutiqueverkäufer, Versicherungsvertreter,
Antiquitätenhändler, Friseure, Tagesnutten und
unausgeschlafenen Zuhälter zu wecken.
Die bekannten Blicke aus den bekannten Gesichtern
von Leuten, deren Personalien ich nicht kannte,
schlugen krachend in mein Gesicht...
Na ja. Was soll's. Es war die Zeit,
in der am Fließband die Schulterblätter
schmerzen, die Mittagspause auf den Uhren
schleichend näherrückt, die Kinder berufstätiger Eltern
nach der Schule
ein bißchen vom Abend übriggebliebenes Essen aufwärmen,
in sterilen Büros Sekretärinnen
noch einen Kaffee aufbrühen... Naja. Was soll's.
Gestern zur Mittagszeit lief ich leise den Kudamm hinunter,
schlenderte in verlassene Seelen,
verteilte dort das Menschengedränge
und vergrößerte doch nur meine Einsamkeit.

Nach Hause gekommen, schrieb ich ein Gedicht,
nahm den Hörer, ließ mir Gärten aufs Zimmer kommen
auf mein nach Asphalt riechendes Zimmer,
Gärten mit Stiefmütterchen.

Wie üblich: deprimiert aufwachen

In den Zeitungen wieder Fotos
von Mord und Totschlag, aus den üblichen Überschriften
würgt das Blut, mit meiner Ruhe
ist es vorbei.

Mein altes Gesicht riecht jeden Tag
an einer neuen Rose, und in der neuen Rose
riecht es den alten Schmerz.

Sagen wir: der Himmel zerteilt sich,
ein Spiegel erscheint.
Im Spiegel:
meine alten Arbeitskameraden aus der Fabrik,
mein Chef, der seine Persönlichkeit großzügig abgegeben
hat,
meine Geliebte, die sich umdreht, wenn sie mich sieht,
der Ärger, irgendwo Schlange zu stehen und schließlich
mit leeren Händen heimzukehren,
die Schläge auf dem Polizeirevier, Verhöre in
Handschellen,
ein plötzlicher Tritt in die Hoden,
vor diesen Schlägertypen den Mund halten müssen,
die ganze stern-hin stern-her beförderte Hierarchie,
Uniform gewordene Gewalt,
alles das.

Der Spiegel würgt mich,
mit meiner Ruhe ist es vorbei,
ich kann den Kopf nicht heben,
den Himmel nicht ansehen.

Mein altes Gesicht riecht jeden Tag
an einer neuen Rose, und in der neuen Rose
riecht es den alten Schmerz.

Gedicht auf einen von vielen Abenden

Wieder ein Tag zu Ende. Wieder kehren sie den Hof,
wo die Waren verladen werden. Ich sehe vom Fenster aus
zu:
die Nachbarsfrau gießt ihre Balkonblumen,
Pelargonien, mit der Geduld der Einsamkeit
zum Blühen gebracht.

Wieder der Gang zur Kneipe,
um nicht der Melancholie des Abends zu verfallen,
weglaufen, zur Ruhe kommen, ehe man so wird
wie einer dieser polternden Familienväter,
und dann doch wieder die Melancholie,
eine in meinem Innern aufgehängte Mondsichel.

Wer sind die Leute, die sich da wieder in Pepes Lokal
treffen –
Mitglieder einer Geheimgesellschaft,
die sich durch geheime Zeichen verständigen?
Jawohl, sich durch geheime Zeichen verständigen,
weil man Ähnliches erlebt hat.
Wenn die anderen Gäste bei Pepe vielleicht die Sonne der
Costa Brava,
eine verspätete Liebe in El Arenal
oder eine vergangene Zeit
gemeinsam haben,
dann teile auch ich mit Pepe, Bekir und Juan
mein Berlindasein,
die graue Silhouette der Kantstraße
auf unerklärliche Weise –
kamen wir doch allesamt
aus der Sonne des Mittelmeers.

In der Kneipe lange Reden führen und sich kurz kennenlernen

Solange sie da sitzt:

macht sich Unschlüssigkeit breit und bleibt hängen,
fängt sogar der Wind an zu kränkeln,
klammerst du dich an einen Nachbarn von früher,
fassen die Worte nicht recht,
geht die Marmelade im Glas zu Ende,
ehe der Winter unvermutet einbricht,
wächst sich eine Zwergenliebe zum Riesen aus,
läufst du zu diesen Haltestellen
die nach Pisse und Ungeduld riechen,
irgendwann ein zerstreutes Hallo
an deine Bekannten,
entgleiste Gefühle,
das längst schon kalte Lammkotelett auf dem Teller,
kommst du mit Reden der Sehnsucht nicht näher,
noch ein verzweifelter Händedruck und du gehst,
ist so spät kein Schnaps mehr zu kriegen,

ahnt sie nichts von alledem.

Sich etwas vorstellen und sich etwas fragen

An der Theke lehnt einer, pikfein mit Krawatte
und gestärktem Hemdkragen, der stellt sich
die nackten Brüste des Barmädchens vor, im übrigen
geht ihm sein Büro mit Schreibtisch, Leitzordnern,
distinguierten Umgangsformen, Nescafé ohne Zucker
nicht aus dem Sinn, wohl aber seine Frau,
die sonntagmittags noch mit Lockenwicklern
herumläuft, er hat sie schon längst vergessen.

Einer, der plötzlich für gute Küche schwärmt,
am Herd steht, den Mond, die Sonne
mit ein paar Wolken in der Pfanne brät
und schließlich noch eine Soße aus Sternen
darübergießt, lehnt an der Bar und beansprucht
das Barmädchen mit den nackten Brüsten für sich,
während sein Blick verächtlich
über die anderen Gäste streift.

Dieser Mann ist kein Mann,
den man bewundern muß.

Dieser Mann, den man nicht bewundern muß,
lehnt an der Theke und stellt sich vor,
die Brüste des Barmädchens wären nackt.
Was stellt er sich eigentlich vor,
welche Leiden, Hoffnungen und Sehnsüchte,
frage ich mich jetzt.

Verzeiht mir Nachbarn

Heute nacht vor eurer Tür –
wer hat da solchen Lärm gemacht?
Das bin wohl ich gewesen.
In meiner Kehle alle Lieder Haci Arifs
und zwischen meinen Beinen dieser Vogel, der
laut zwitscherte und gar nicht fliegen wollte –
ich hatte wohl zu tief ins Glas geschaut.

Verzeiht, was haben jene alten Tage so spät noch
in eurer Ruhe zu suchen

Nomadenzelte, rotwangige Knaben,
die Frauen breit gebaut und stark,
der krumme Dolch nur in der Scheide friedlich,
die Kesselpauke schlägt, die Federbüsche
wippen im Wind, die Hufe klappern,
nach Westen, nur nach Westen,
geht der Sturm, ein Liebesrausch,
der uns an diese Wand genagelt hat,
doch immer noch tun uns vom Laufen
die Füße weh, auch wenn wir uns
nicht von der Stelle rühren,
und die Laute hört nicht auf zu spielen –

verzeiht, was haben jene alten Tage so spät noch
vor eurer Tür zu suchen

es war eine Hoffnung, ein wenig von fern,
ein wenig von früher, aber immer von neuem ...
Die Müdigkeit hing in unserem Schnurrbart,
wir brachen auf und wanderten weiter,
ohne zu wissen, daß Zeit vergeht,
wir glaubten, da sind nur wir.
Ein Duft von Fladenbrot, von Kebab aus der Steppe ...

Verzeiht, was hat ein ferner Erdteil
hier vor eurer Tür zu suchen.

Zu dieser Stunde dieser Lärm, und ihr wolltet schon einschlafen...
Auch wir sind mit dem Vorgefundnen nicht zufrieden.
Wie wenn man Kindern einen Lutscher kauft
und sie zur Ruhe bringt, so halten wir
ein Stückchen bunte Hoffnung in der Hand,
und wollen immer mehr.
Was fehlt uns denn?
Das Bewußtsein, ein Volk zu sein? Was haben wir damit zu schaffen,
werdet ihr sagen, der Bauch ist voll,
der Rücken gerade, auch wenn
nicht alles vollkommen ist.

Verzeiht, was hat dieser Lärm
hier vor eurer Tür zu suchen.

Dieser Lärm,
dieser Erdteil,
diese alten Tage
was haben sie
vor eurer Tür zu suchen.

Ihr Nachbarn alle zusammen,
verzeiht mir.

Abschied

Es war letzte Nacht, leichter Nebel.
So ist es, wenn man sich vorm Abschied fürchtet,
du bist bereit, ein abgelebtes Ding zurückzulassen,
in jedem Augenblick ein Gegenstand, der einem teuer ist.
Das schmerzt. Auch die Beziehungen sind wie aus Stein,
sie altern leblos, wo du sie liegenläßt.
Wer weiß, wo die Speisen herkommen werden,
es ist die letzte Nacht, leichter Nebel.

Nein, heute schneite es den ganzen Tag.
Die Empfindungen flatterten,
ein Vogel mit gebrochenem Flügel,
bereit zum Selbstmord,
kein Schweiß trat mehr aus.
Die früh schlafenden Arbeiterstraßen
waren so still und unstillbar
nach Liebe lechzend,
es war letzte Nacht, ja, leichter Nebel.

Laß uns gehen, über den See,
an seinen Ufern Schilfrohr, dichte Wälder,
verdorrtes Moos, vielleicht Narzissen,
die Himmel fern im Sternenregen...
Laß uns gehen... Berlin wird warten...
Berlin: in der grenzenlosen Gebärmutter
einer türkischen Frau aus Kreuzberg
ein grenzenloser Friede.

(Februar 1979)

Schwarze Nachricht

Dieser bronzene
Türklopfer
in Form einer Hand
dahinter warm
dahinter still
unser Haus

bronzene Hand
drinnen
in unserem Haus
diese schwarze Hand
unser Türklopfer

bronzene Hand die
das Urteil siegelt
den Abzugshahn zieht
das Urteil vollstreckt
schwarze Hand
unser handförmiger
Türklopfer

bronzener Klopfer
der jetzt gegen
unsere Tür schlägt
dahinter plötzlich
unser Haus
nicht mehr warm
nicht mehr still

(Januar 1979)

Grausamer Sultan, nach Rosen duftend

Ihr staunt? Heißt das, ihr staunt,
weil ein grausamer Sultan nach Rosen duftet?

Laßt mich weiter ausholen.
Da thront er im Türkensitz: was an den Spitzen
des Federbüschels auf seinem Turban steckt,
sind Diamanten, sein Körper
im perlenbestickten Kaftan, in seinen
mit wuchtigen Ringen besteckten
Fingern balanciert er eine Rosenknospe.

Aus allen Ländern destilliert und apportiert,
so fein so rein so rührend duftend,
die Rosenknospe in der Hand des Sultans
riecht nach Blut.

Wenn jenes Bild im abgeplatzten Goldrahmen
im Geschichtsbuch fehlte,
bliebe nicht Rose noch Sultan noch Duft der Rose,
nur das Blut fließt weiter
über die Zeitungsberichte
bis in die Aufzeichnungen der Zukunft.

Sonntägliche Ermahnung

Unsere Kinder werden uns sicher nicht zürnen,
höchstens werden sie sagen: ihr wart nicht selbstlos genug.
Es ist nicht die Zeit, alle Hoffnung fahren zu lassen.

Warum auch alle Hoffnung fahren lassen,
es ist so viel zu tun.
Hast du die Wände deiner Wohnung gestrichen?
Gieß auch die Blumen,
damit sie nicht vertrocknen.
Mit jedem Tag
werde ich dicker
und mehr weiße Haare wachsen mir auf dem Kopf.
Sieh mal, das ist unser Haus geworden,
das heißt: wir sind auch hier zuhause.

Überleg mal, was alles zu tun ist,
erinnere dich an deine Kindheit,
an die Tage, wo du in den Fabriken
Lasten geschleppt hast,
sortier' mal diese Tage
in deiner Erinnerung.
Jeder für sich, mit seinem Leben,
mit seiner Entwicklung –
so schaffen wir eine Gemeinde,
zugegeben: unter Schwierigkeiten,
doch vom Meistern dieser Schwierigkeiten
hängt in der Zukunft unsere individuelle Freiheit ab.

Das Mädchen, mit einem Lachen
auf ihrem rosigen Gesicht,
soll ich zu ihren schwarzen Haaren
Nacht sagen,
zu ihren Lippen: Kirschblüte,
zu ihren Brauen: Halbmond,

zu ihrem Leib: Zypresse...
Ach, meine Liebesgeschichten,
die immer noch weh tun,
sind sie vielleicht ein Lautenschlag,
aus Haremszeiten überliefert...

Heute schaffen wir,
was in kommenden Zeiten
für unsere Kinder
Tradition sein wird.
Es ist nicht die Zeit, alle Hoffnung fahren zu lassen.

Drei Wünsche, zwei Feststellungen

I
Soll dieses Jahrhundert nicht am Galgen enden,
dürfen wir nicht mehr von Grenze zu Grenze
geschoben werden, mit einem Koffer in der Hand,

II
dürfen wir nicht mehr sagen: sind die schönen
Mädchen abhanden gekommen oder
die eigene Schönheit?,

III
darf das, was über unser Leben geschrieben wird,
nicht mehr wie ein schlechtes Gedicht aussehen
mit durcheinandergeratenen Reimen.

I
Fest steht, daß ich müde bin
von der Jagd nach der Zeit,
die ich verpaßt habe,

II
und eine verpaßte Verantwortung
in einer verpaßten Zeit
ist es, was jeden Tag,
jetzt; vor Ablauf des Jahrhunderts,
Schaden anrichtet.

(Januar 1979)

Seitenstechen in Herz und Verstand

Prolog

Mondschein ... Während Nachrichten und Träume
schwitzend über den Bildschirm krochen,
zog traurig den Asphalt herauf,
was einem so einfällt am Abend.
Ein Grammophon aus dem Trödelbasar
im Galata-Turm greinte von den herbstlichen
Gärten von einst, durch die geöffneten Fenster
einer Ufervilla floß klagend der Bosporus.
Erinnerungen kamen angerannt in kurzen Hosen.

Blau für einen unendlichen Horizont im Pinsel, setzt er
Blume um Blume auf Kachelfelder,
ein wenig Grün, einen Tupfer Ocker,
ein anonymer Meister (aus welchem Jahrhundert?),
mitten auf der Holzbrücke, das Ufer in Flammen:
was immer er
in die Hand nimmt, gerät zum Gedicht ...

I
Sieh hinaus: nicht die Landschaft ist eng,
sondern der Blickwinkel verengt die Landschaft.

II
Im alten Hafen ein ehrwürdiges Schiff,
von seinem Bauch hängen Bärte
aus Moos und Muscheln,
vor Anker wie vor Zeiten,
verwittert es im brackigen Wasser.

III
Ein wunderliches aber weises Wort:
Ein Schiff,
es schwimmt über die Meere. Ja:

wenn es seefest, gut ausbalanciert
und solide konstruiert ist,
wenn der Steuermann sein Fach versteht,
wenn der Kapitän mit Untiefen
und Unwettern richtig umgeht,
also, wenn er ein guter Kapitän
und die Besatzung zufrieden ist,
dann schwimmt es ganz friedlich dahin.

Aber wie schwer: es über Land zu ziehen!
Und wie schade: es im Hafen verrotten zu lassen!
Denn es ist für die Meere gebaut.

IV
Mein Verstand und mein Herz
sitzen im Rettungsboot,
an einer Leine
mein verkümmerndes Türkisch:
ein Krummschwert in meiner Hand,
mein Schatz, mit dem Rost von Jahrhunderten.
Ich habe den Kurs geändert,
davon dieses Seitenstechen,
der bittere Geschmack.

Täter unbekannt

Ein Mord, wie ein Mord sein muß:
im Umkreis des Opfers keine Spuren
jeder ist verdächtig, alles wird überprüft,
dieser Himmel, dieser Regen, Bäume, Blüten, dieser
  Vogel.

Sie können meine Fingerabdrücke nehmen, bitte sehr,
die Nummer meines Ausweises ist: TR – B 299 136,
nur legen Sie nicht zuviel Gewicht auf die Zeugen:
es sind alles Nachbarn.
Aber bitte sehr, mein Herr, der Mörder bin ich nicht.

Wer hat den Himmel mit Wolken vollgepackt?
Wer hat den Regen heruntergelassen? Was ist das
für ein unverständliches Flüstern der Bäume im Wind?
Woher soll ich wissen: welche Blume, was für ein Vogel! –
Aber bitte sehr, mein Herr, der Mörder bin ich nicht.

Die Zahlen sind wissenschaftlich, sie lügen nicht,
sämtliche Aussagen zusammengenommen: alles stimmt.
Protokolle, Meinungen, die Auswertung der Indizien:
  alles spricht dafür.

Aber keine Bürokratie erfaßt mich als Ich.
Bitte sehr, mein Herr, der Mörder bin ich nicht.

(März 1979)

Wie du es auch ansiehst: Ich liebe

Wenn nachts der Mond hinter den Wolken
verschwindet, geben die Antennen doch noch
ein seltsames Glimmen von sich,
in einer solchen Stunde sah ich deinen Geist
tanzen und behende umherschwirren, während
dein Körper in einer Ecke zusammengekauert
hockte wie ein Ding ohne Atem.
Sagen wir, du bist in diesem Zustand, sei es, du rufst mich:
an deinen leeren Körper mag ich mich nicht anschmiegen.
Meine Haltung wird Trotz und Ablehnung sein, denn
laufen will ich, einem Morgen, einer Freude zu ...
Ich will, daß Vögel zwitschern, daß ein Baum
dasteht und lacht! Bleibt so! will ich sagen
dürfen! Daß ja nicht diese Berge einstürzen,
daß der Wald nicht vergeht, das Grün,
wo wir frischen Atem schöpfen!
Dies alles soll unser Werk sein, die Rettung
der Natur geschehe durch uns, auch ihr Verlust,
ihre Zersplitterung, das Bersten reifer Feigen,
daß der Honig herausquillt!
Unser Dasein sei nicht nur Form,
ein Maßnehmen von Maßnahmen
und eine Sammlung törichter Reden.
Jetzt sprechen sie dort wieder von Freiheit,
sie sprechen von mir,
von meiner unerschöpflichen Liebe.
Ich höre »Ören« sagen,
die erste Silbe kommt noch spröde heraus,
mir dröhnen die Ohren.

(Berlin 1977)

The biggest Freak-Show
(Für K. P.)

Ein Schreihals:
Hereinspaziert, meine Damen und Herren,
nur immer hereinspaziert, die Weltstadt Berlin
bietet Ihnen heute nacht in unserem Club
die größte Freak-Show aller Zeiten!
Meine Worte versagen, sollte ich Ihnen
die Aufopferung, die mühselige
Kleinarbeit vor Augen führen,
mit der dieser Männerchor seinen Auftritt
vorbereitete! Kommen Sie, sehen Sie nur,
wie sie den Schnaps wie in eine Kehle
hinunterschütten! Eben beginnt die Vorstellung,
ja, der große Moment ist gekommen, man nimmt
an den Tischen Platz, fünf Minuten
nach Mitternacht...

Ein Löwe mit brennender Mähne,
ein ziemlich ausgewachsener Löwe,
mit brennender Mähne, aber schwanzwedelnd,
stolziert durch den Saal, an den Tischen
fragt man sich: was soll das? Den Löwen
scheint alles das kalt zu lassen, während
seine Mähne und schließlich sein Fleisch
in Flammen stehen, erfüllt ihn
die Befriedigung dessen, der seine Schmerzen
zwar fühlt, aber nicht zeigt.
Jetzt begrüßt ein Kerl, dessen Rumpf
mit Kohlenstaub gefüllt ist, auf dem Rücken
des Löwen stehend die Zuschauer.
Dann drei Dichter, in ihren Händen
drei Zeilen – drei Pfeile – sie schlagen
Purzelbaum im Parkett.

Drei Dichter, die den Löwen
mit drei Zeilen in die Weiche boxen, der aber ist
mit schon brennender Mähne umgekippt,
während der Kerl auf seinem Rücken grinsend
den Reißverschluß seines Bauches aufzieht, so daß
der Kohlenstaub in alle vier Richtungen
spritzt und als Feuerwerk den Club
illuminiert. (Solches und ähnliches also
wurde vorgeführt, dann wieder der Schreihals:)

Jetzt, meine Damen und Herren,
sehen Sie die Schlußüberraschung!
Heute nacht werden Sie alle in diesem Club
an der Darbietung teilnehmen!
Sie werden eine noch nie dagewesene
Veränderung durchmachen, vielmehr
werden Sie gar nicht merken,
daß Sie ein anderer werden!
Darauf noch ein Glas
und Prost! und jetzt geht's los!

Einer der Gäste fängt an zu lachen,
fängt ganz fürchterlich an zu lachen, weil er
den Übereifer seines Nachbarn
plötzlich als eierköpfigen Zwerg erblickt.
Der Nachbar seinerseits klatscht in die Hände,
denn er sieht die nie eingestandenen
Liebeswünsche des ersteren als
athletenbrüstiges, kettenzertrümmerndes Monstrum.
Einer staunt über die akrobatischen Verrenkungen
der zwei Köpfe seines Gegenüber,
einer gönnt einem anderen nicht
seine Hochnäsigkeit, die diesen
zum Reptil ohne Arme und Beine macht,
ein weiterer kann den Blick
nicht von fadenbärtigen Mädchen lassen,
die vor Geilheit an sich selber herumrackern...

Der Kerl mit dem Kohlenstaub im Bauch
hat seinen Reißverschluß noch weiter heruntergezogen,
tausend Sterne flackern,
der Himmel bleicht und der Morgen ist nah ...

Die Stimme des Schreihalses:
Ja, meine Damen, meine Herren,
dies war unsere große Freak-Show!
Wir hoffen, Sie zur morgigen Nachtvorstellung
wieder begrüßen zu dürfen!

(Juli 1978)

3
Reiseberichte

›Poetry International‹ Rotterdam 1978
(für Esma und Robert)

Fliege mein Sperling fliege
an deinen Flügeln Liebespfeile
fliege ins Land der Liebe
denn das Land der Liebe
ist diese Erde ist das Leben
heute und hier –

I
Diese Ordnung riecht nach Bismarck.
Vielleicht patrouilliert ein alter Preuße mit Vollbart
aus der Zeit der Berlinkonferenz
noch immer geheimnisvoll durch die Groß-Berliner
Alleen.

Von den Groß-Berliner Alleen aus
greift er mich, dich, uns alle –
als Geld, Kultur, Politik,
zuletzt als Waffe.

In einundderselben Zeit
bin ich das,
was war,
was ist
und was sein wird.

Wie haben Bräuche mich eingewickelt.
Ein Zwang, der mein Leben bestimmt,
aber keine Philosophie,
die ihm Sinn gibt.

Ein Leben ohne Philosophie – aber
oh! die Verse (Begeisterung der Phantasie),
beladen mit meiner Liebe,
meiner Glut, meiner Wut,

die mich wahr machen,
und zu dem, was ich bin.
Oh mein Schaffen, mein Gewinn, mein Bewußtsein, mein
Leben –
sie geben mir Ehre
sie tragen mir Flüche ein.

II
Jetzt sitze ich im Zug,
lege Kilometer um Kilometer zurück.
Bismarcks Ordnung ist mit mir
auf die Reise gegangen
und trinkt im Speisewagen
ein Bier:
Im Jahre neunzehnhundertachtundsiebzig,
im Monat Juni,
jetzt und hier,
am neunten Tag im Juni,
an einem Aprilwettertag
in einem schwitzenden Wagen.

Bis Rotterdam noch zehn Stunden.

III
In Berlin
ein Geruch nach anatolischer Steppe,
nach Geschichte
nach Zukunft,
ein Geruch, der mich packt,
von einer Gesellschaft zur anderen,
von einer Entwicklung zur anderen,
von einer Zeit
in eine andere treibt,
jetzt und hier,
auch in Rotterdam.

IV

Erste Bekanntschaft im Rotterdamer Hotel

Wie schön der Staubsauger
dir in der Hand liegt.
So ein Motor läuft und läuft,
egal welche Hand
auf den Knopf drückt.
Nur deine Zunge läuft nicht,
in diesem Land
bist du Ausländerin.

V

Das Rätsel, das meine erste Bekannte
in Rotterdam mir aufgab

Im Hotel Central bin ich Putzfrau,
im Stadtpark eine Rotterdamer
Sonntagsbürgerin.
Sag mal: Wer bin ich
mein Herz halb in der Heimat
meine Arbeit ganz hier.

VI

Frage hier und jetzt: an die Rotterdamer,
meine Bekanntschaft betreffend

An ihrem Arm
Armreif an Armreif,
Gold an Gold.
Sagt mir,
warum ist ihr Gesicht
so abgehärmt?

VII

In Rotterdam sind wir wieder einmal beisammen,
wir vielbeachteten und sehr beachtlichen Dichter.
Seht, wie auf unseren Schultern
die Musen-Spatzen

ungeduldig mit den Flügeln schlagen!
Das ist das neue Bewußtsein vom Jahrhundertende,
das sich nicht mehr mit Entwürfen der Demokratie begnügt,
sondern die Riegel Europas zu öffnen versucht.
Los Freunde, gebt die Antwort
auf meine Frage,
denn sie wird der Schlüssel sein.

Fliege mein Sperling fliege
an deinen Flügeln Liebespfeile
fliege ins Land der Liebe
denn das Land der Liebe
ist diese Erde ist das Leben
heute und hier

Ein Samstagsonntag in Kiel

Da war meine Sehnsucht nach dem Meer,
das manchmal diesen
strengen Jodgeruch hat –
ja danach.
Jetzt bin ich in Kiel. Bedeckter Himmel.
In Möltenort auf einem Wellenbrecher
können Ausflügler
für den fahrplanmäßig verkehrenden Fischkutter
Karten lösen.
Verläßt man die Hoheitsgewässer,
wird die Butter billiger.
Ein alter abgearbeiteter Seemann singt
mit heiserer Stimme zum quietschenden
Akkordeon:
          Meine lütte zuckersüße
          Puppe aus der Südsee
          Ahoi Ahoi Ahoi...

I
Hier ist kein offenes Meer.
Mit dem Lineal gezogen
Kanäle und Hafenbecken,
Häuser, abgezirkelte Gärten,
Rasenstücke, Blumenrabatten,
in dieser kleinkarierten Ausgewogenheit
bei gänzlichem Ausfall der Phantasie.

Das offene Meer,
für Marineveteranen immer noch eine Sehnsucht,
wie nach einem
erfüllten Leben.
In den Straßen wachsen die Linden
ungehindert und frei.

Sie überragen die in eine verwinkelte Geometrie
eingesperrten Hafenbecken, Kanäle,
Gärten und Dächer
und biegen sich rauschend.
Himmel bedeckt bis wolkig.
Mäßiger bis auffrischender Wind.

II
Parzellierte Freiheit
in den Ferientagen am Ostseeufer
für die im Sand aufgereihten
Arbeitnehmer mittleren Einkommens.
Ihre Blicke
nicht auf dem offenen Meer,
sondern eingeklemmt in die zwei Dimensionen
der Comics-Kultur.

III
Am Sonntagabend wieder in Berlin:
Zaun um Zaun,
dahinter verwahrt eine
Freiheit wie das
diamantene Ohrgehänge
einer Herzogin.

(August 1978)

Taksidi me epistrofi* – eine Schreibtischreise nach Kreta

(gewidmet meiner Großmutter, geboren auf Kreta, gestorben in Istanbul)

I

Ich war auf Kreta. Das war 1645,
das Tau lag straff an der Rahe, die Segel
spannten sich im böigen Nordost oder hingen
schlaff wie tote Sterne, die im Meer treiben,
als wir mit prangendem Halbmond
auf grün-roter Flagge Bug voraus
durch die Ägäis kreuzten, fünfzig Kanonen,
fünfzehntausend Kantar Schießpulver
und fünftausend eiserne Kugeln an Bord
(den anatolischen Reiterkriegern drehte
der Magen sich um, wenn die Wogen
über die Reling klatschten), als wir endlich
den Felszipfel Kap Spatha umschifften
und am 27. Juni
die Belagerung von Chania begann
– da war ich einer
von Admiral Jussuf Paschas
siebentausend Janitscharenkriegern.
Wir gingen in Stellung und hoben Latrinen aus.
Über uns schaukelten Olivenzweige und Lorbeer.
In Chanias Gassen wirkten wir nicht einmal fremd.

24 Jahre 4 Monate 16 Tage, keine Kleinigkeit:
wieviele Tote, wieviele Verwundete?

Das explodierende Pulver, das Sirren der Schwerter,
der Aufprall der Geschosse, die Hartnäckigkeit
der Verteidiger und der Angreifer.
Als auf der Burg von Heraklion
der Besatzungschef der Venezianer, Morosini,

* *Hin und zurück*

unserem Großwesir Fazila Ahmet Pascha
drei silberne Tabletts
mit dreiundneunzig Schlüssel aushändigte,
da war ich wiederum dabei.

Istanbul, vormals Byzanz,
von neuem zur Macht gelangt,
holte zurück, was es sich im 13. Jahrhundert
von Kreuzrittern hatte abnehmen lassen.

Als die litzen- und epaulettenfunkelnden
Admiräle der Großmächte
mit spitzfindigen diplomatischen Kniffen
die Blockade Kretas durchsetzten,
am 21. März 1897,
begann auch meine bittere Verbannung,
der letzte Rückzug
der muslimischen Byzantiner,
also der orthodoxen Osmanen,
aus dem Mittelmeer.

Mittelmeer –
in einer goldenen Schärpe steckender
goldener Dolch –
in seinen Stürmen
schwanken die Derwischzypressen.

Wenn du in die Verbannung gehst,
bleibt dein Besitz am Ort,
Olivenbäume, Gärten, Weinberge,
dein Haus, dein Dorf, deine Nachbarn,
Zuneigung, Rache, Erinnerung,
die schattige Quelle, die neben
der Kapelle entspringt,
der blühende Mandelbaum.
Du nimmst nur deine Sprache mit.
Sie wird dich in neuer Umgebung
neu erschaffen,
dich selbst:

mit Leid, Hoffnung
und Liebe.

Die Verbannung ist eine Wunde,
die unaufhörlich blutet,
weil die Sprache sie aufreißt.
Ich bin niemals hingekommen
nach Kreta,
ich war immer dort.

Weh denen, die ihre Wirklichkeit
nicht in Beziehung setzen
zu ihrer Zeit und ihrer Umwelt.
Weh denen, die sich scheuen,
mit den Widersprüchen im Leben
abzurechnen.

II
Günter, Helga, Erich und Gabriele
sind diesen Sommer in Sandalen
nach Kreta gefahren, dort haben sie
den Patrioten Manol kennengelernt,
Manol mit Stiefeln, Flinte
und Patronengürtel quer über der Jacke
aus grobem Wollstoff, sein Schnurrbart hat
eine Farbe, die nach Salz schmeckt.
Sie ließen sich zusammen fotografieren,
Günter, Helga, Erich und Gabriele,
ließen sich von Partisanenaufständen
während der deutschen Besatzung erzählen,
sie schimpften auf die Nazis und
den Militarismus im allgemeinen,
später saß man bei Uso und Retsina zusammen
oder reihte die nackten Brüste
auf den sonnenwarmen Kieseln auf.

Günter wechselte einen Euroscheck
über 300 Mark ein.
Gabriele hörte Sirtaki aus der Musicbox.

»Jassu« war Erichs Lieblingswort.
Helga schlief in der zweiten Woche
mit einem Jungen namens Anastas.

Und das ist Kreta: Euroscheck, Sirtaki,
Jassu, Manol, Anastas und Sonne –
ein Gedränge von altersher –
seine Freiheit,
unzugänglich in den
Labyrinthen des Minos,
sein mykenisches Antlitz,
sein osmanisches Gottvertrauen,
sein orthodoxer Eigensinn,
seine Trauer
über Jahrtausende hin,
in der Trauer
sein trutziges Ehrgefühl,
sein schwarzes Tuch
um den Kopf geschlungen –
Kreta, wie es Nacht für Nacht
unterm silbrigen Mondlicht
die Träume füllt.

Übrigens: ich war auch dabei auf Kreta.
Ich war Zeuge des Geschehens –
an meinem Schreibtisch.
In meinem Exil
lebe ich alle Exile der Geschichte.

Aber nach Kreta
bin ich niemals gekommen.

(August 1978)

Pariser Notizen

(Berlin Zoo – Paris Nord 2. Kl. ⇆ 215,80 DM.
Warschau-Express. Abfahrt Zoo 23.56.
Die Wagen still wie Brunnen, unbeleuchtet.
Im Liegewagen kein Platz frei. 150 DM
ohne Quittung an den polnischen Genossen
Schlafwagenschaffner. Dafür ein Abteil
mit zwei Betten. Vor dem Schlafen
lauwarmer Tee aus silbernen Tassen
mit Jenaer Glaseinsatz.
. . . . .
Über die Schienen zieht sich
die rostige Zeit.
Die Bahnhöfe
wie pensionierte Angestellte,
die ihre Krawatte verloren haben.
Ankunft Paris Nord 15.30.)

I
Blätter in glühenden Farben
werfen sich dem Herbst in die Arme,
der Himmel ein Fenster,
das nach Regen Ausschau hält,
heruntergelassene Spitzengardinen, viel Grau.

(Meine Ausgaben am ersten Abend:
Pizzeria Italienne: Rinderkeule mit Tomatensoße,
Makkaroni, 1 Liter Wein – 2 Personen 71,30 Fr.
plus 5 Fr. Trinkgeld. 6 Metrofahrten 12 Fr.
2 Bier 9,20 Fr. Café Select am Montparnasse:
6 Calvados, 5 Armagnac, 4 Kaffee – 140 Fr.
1 Sandwich 10 Fr. Taxe zurück zum Hotel 20 Fr.)

II
Als ich in Paris war,

saß die Pariser Commune
noch als bärtiges Kind in den Fabrikhöfen herum
und versuchte zu beweisen,
daß sie 1968 mündig war.

(Touristenstation Montmartre,
La place du Tertre, Le Sacre Cœur im Flutlicht.
Dann zu Fuß quer durch Paris, am Boulevard Saint Germain
tun mir die Füße weh. Fikret Muallas Bilder
– was haben wir herumgesucht – aus den Galerien
verschwunden, vielleicht verstreut in irgendwelchen
Auktionshallen. An der Metrostation Clichy ein paar
aus Zeit und Rahmen gefallene Parolen auf Türkisch,
als ob einer nach dem Weg fragt
und sich wundert, wie es weitergeht: DER EINZIGE AUSWEG IST DIE REVOLUTION – – VOLKSBEFREIUNGSARMEE – – WEG MIT DEM VERBOT DER KP – –)

III
Als ich in Paris war,
gab es dort immer noch einige
›Jungtürken‹, die an langen Tischen Austern aßen,
die Zeit vergaßen und in Gedanken
an die hohen Wände des Sultan-Serails
Stilleben malten...

(Verloren im parlé français
schlurfen ein paar türkische Arbeiter
durch die träge wabernden Touristenmassen
unter den Farbsalven der Leuchtreklamen dahin.)

IV
Als ich in Paris war,
sah ich Arbeitsemigranten,
– schwarze Beute aus Asien, Afrika und den tropischen Inseln –
die im Gegensatz zu den alteingesessenen
Exilrussen aus Petersburg

auf dem Amboß ihres Herzens
die Revolution schmiedeten.

(Die Pariser Fabriken liegen schweigend da
– aber nur laut Reiseprospekt.
Vor dem Centre Pompidou
Feuerschlucker und Scherbenläufer
und von unbekannter Hand
ein Satz an der Wand: J'ai rien à dire!
Drinnen die Berlin-Paris-Ausstellung.)

V
Als ich in Paris war,
huschten von der berühmten Metropole der Jahrhundertwende
nur noch Schatten durch die Säle des Louvre,
und dann der Eiffelturm,
der seinen Erbauer verwünscht
angesichts der selbstzufriedenen Mienen
der Wolkenkratzer.

(Seltsame Begegnung: plötzlich waren wir im Atelier des Malers Utku,
mit einer Flasche Calvados. In den Fensterscheiben
spiegelten sich keine gekräuselten Wellen des Bosporus –
aber auf der Leinwand:
Die Phantasie hat Macht,
wenn die Macht Phantasie hat.)

VI
Manager Giscard d'Estaing:
Auf seinem Schreibtisch die Empire-Uhr
zählt die Stunden rückwärts,
daneben silbern gerahmte Fotos von Gattin und Kindern,
glücklich lächelnd.

(Die Ära der Verdichtung der Gegenstände ist abgeschlossen,
die Haute Couture in den Vitrinen verstaut...)

VII
Vor dem Denkmal
mit FREIHEIT GLEICHHEIT BRÜDERLICHKEIT im Sockel,
habe ich keine Ehrfurcht,
denn dieses Denkmal auf der Place de la République
kommt mir klein vor
in der riesigen weiten Welt.

(Paris, du Zirkus im Belagerungszustand,
adieu einstweilen!)

(September 1978)

Days and Deeds (Tage und Taten)

(Eindrücke nach 9 Tagen New York)

Hallo, guten Tag du Land
der unbegrenzten Möglichkeiten
für einen begrenzten Menschenkreis!

Acht Stunden über die Wolken hüpfend,
in meinen Augen Himmel, viel Himmel, nichts als
  Himmel,
brachte ich meine europäische Müdigkeit,
die Trauer alter Burgen, meinen aufgeblasenen
Rationalismus herüber,
und im Koffer mein bißchen Türkisch,
mein bißchen osmanisches Erbe,
meine Socken, Hemden und Unterwäsche...

Wie ein zweihundert Jahre alter Auswanderer,
der mit griesgrämigem Gesicht
und herunterhängendem Bart
kotzend im Zwischendeck liegt
und mit leerem Magen und starkem Glauben,
die Arme und die Phantasie
voll Tatkraft,
wochenlang quer über den Atlantik kreuzt,
so kam ich hier an
in der Neuen Welt.

In den Straßen Plastiksäcke, mit Müll vollgestopft,
und Häuser wie Operettenkulissen
aus dem Land der Riesen...
Aus diesen Häusern sprach
die Sehnsucht der Menschen
groß zu sein und hoch hinaufzureichen.

Auf einmal mußte ich nicht mehr zittern vor Amerika,
ich liebte es sogar, kann ich sagen,
so wie früher die Bilder in meinem Lesebuch.

Dann fiel mir ein, wie sich diese Liebe
verändert hatte, als ich Ende der sechziger Jahre
an Vietnam dachte.

Liebe die sich verändert hat

Jetzt kommen sie auf andere Weise daher,
jetzt kommen sie mit Bajonettspitzen.
Früher schickten sie nur ihre nacktbusigen Blondinen.

(Wir liebten sie und
bewunderten ihre Mülltonnen
und hielten jedes Stück Abfall
für die wertvollste Errungenschaft
in unseren Häusern, damals
in den fünfziger Jahren.)

Jetzt schießen sie mit Apolloraketen
für 450 Millionen Dollar
arme Völker nieder im Mondlicht.

Fünferstück

I
In der 8th Avenue haben die Nutten
und die Liebesuchenden
schwarze Brillen aufgesetzt gegen die Einsamkeit
und pusten Stück für Stück in ihrem Innenleben
die bunten Neonlichter aus.

II
Oh, Lord!
Warum hast du die Weihnachtseinkäufe
nur für die Bilderbuchfamilien im Fernsehen
gemacht?

III
Wenn in diesem größten Laden der Welt
die Leute, die Waren anfahren, ausladen, im Lager stapeln,
umsetzen und wieder wegtransportieren, von der Bildfläche
verschwunden sind, bleibt da
eine einsame Öde.
Die Eisentreppen an den Hausfassaden:
Stangen und Streben
senkrecht, parallel,
verschränkt,
sich kreuzend
warten auf das Geräusch von Schritten.

IV
Dann plötzlich an den dunklen Ecken
sticht die hungrig gebliebene Angst
auf die Angst ein,
im Glanz des Klappmessers zum Leben entschlossen.

V

Hinterher
Polizeisirenen
an der nächsten Ecke,
wie ein ganz fernes Geheul der Schakale in der Steppe.

(Dezember 1978)

Der Turm zu Babel

Ich suche mir auf den Kalendern eine Zeit aus,
die noch niemals war und auch jetzt nicht ist,
und einen Ort.
Und alle Phantasiebilder, sorgfältig ausgedacht,
die Lichtpunkte der Sterne am Horizont,
deine fernen Blicke,
dazu dein Flammenhaar,
alles was wir jemals geträumt haben,
wird wahr.
Dann ein nie gekanntes Glücksgefühl,
die Fenster weit offen über unverbrauchten Landschaften.
Weißt du eigentlich, daß du alles,
was du wünschst, was du brauchst,
nur von den Plakatwänden herunterpflückst.
Die bunten Neonlichter, die an- und ausgehen,
die tollsten Abenteuerfilme,
Gedanken, Ideen, Phantasielandschaften,
Hoffnungen, Ängste, Kämpfe,
Schmuckstücke, Parfümdüfte, Glitzersteine,
Früchte, Tränen, Freudenschreie,
sie alle sind aus fremden Ländern eingeführt,
für dich, nur für dich,
oh Mr., oh Mrs.

Stein auf Stein –
wachsen soll er, der Turm zu Babel,
bis seine Spitze Gottes Thron zum Wackeln bringt!
Schichtet den ganzen Hunger der Welt auf!
Glaubenskriege, Klassenkämpfe, Rassenschranken,
Haarlem, Brooklyn, Manhattan Süd,
und all den Müll,
mit dem man nicht weiß, wohin
Müll über Müll,
jawohl, das alles!

Oh Baby, Rache der gestrengen Weltgeschichte,
I love you, Rache des Erdballs selbst,
der sich im Tod noch einmal aufrichtet ...
endlose Kraft, endlose Ordnung, endlose Zuversicht,
all dieses Endlose, das zerrinnt ...
und von neuem beginnt.

Hier soll eine offene Heimat entstehen
für das babylonische Volk,
für alle Völker der Erde:
ohne Grenzübertritt, ohne Visastempel,
ohne grüne Karte und ohne Zoll.

New York, ich betrachte dich jetzt
von weither,
ein bißchen begeistert
und mit einem kleinen Seitenblick auf deine Müllhaufen.

(New York/Berlin, Dezember 1978)

Côte d'Azur 1979

Noch 13 km auf der Landstraße N 98 bis Cannes.
Auf den Hängen von Napoule hat ein Waldbrand
die gesamte Pistazienernte vernichtet.
Dort haben sie eine Schotterstraße planiert.
Auf 15 000 qm
sollen 22 Fertigbungalows erstellt werden,
Stil und Lage nach Managergeschmack.
Alte Landhäuser in verblichenem rosa Putz
– sie haben großbürgerliche Zeiten erlebt –
die ockerfarbenen Fensterläden
verschlossen, sind zwischen zwei Palmenschatten
in sanft-und-seligen Schlaf gefallen.

Matisse, der den mystischen Schmerz
des Abendlandes auf weiße Kacheln pinselt,
schiebt die Arbeit für heute halb vollendet beiseite.
Morgen früh wird er wieder von vorn anfangen,
wenn eine ausgestreckte Hand in der Nacht
das Gemalte auswischt.

Im renovierten Stall eines Châteaus rudert die Kunst
auf dem Fließband der Zeit mit dem
mittelständischen Touristenstrom.

Eine verklemmte und verschämte Demokratie,
aus Deutschland im Mercedes angefahren
oder mit Sandalen hergelaufen
ins Land des Lichts, des blauen Himmels
und der Oliven, will mit lächelnden Grüßen nach rechts
und links etwas beweisen, das
sowohl historische als auch alltägliche Bedeutung hat:
Wie kultiviert dieses Volk ist!
Es spricht nur französisch.

(Mai 1979)

Die Erde noch einmal erschaffen

(Reisegedanken)

I
Als hätte ich alle Geschichte selber gemacht,
stehe ich in der Mitte einer alten Burg,
zerstört wer weiß in welchem Jahrhundert.
Müde bin ich, die Last drückt meinen Rücken,
auch die schiefen Bögen sind müde vom Lastentragen.

II
Mittelalter: die Entdecker, in Karavellen gestopft
und die Ozeane durchquerend,
hielten am Rande der Welt;
plötzlich, als inmitten der Ungeduld, eine neue
Freiheit zu entdecken, die Landkarten versagten,
waren da nur noch Kompaß, Wind, Sterne und,
vom Saum der Nacht heraufrollend,
der zunehmende Mond.

III
Der technische Fortschritt war ein auswegloses Klischee,
Freude und Leid, auf dem Amboß des Lebens
behauen, waren endlos wie das Salz in den Meeren,
und die Augen nichts als tiefe Höhlen,
gefüllt mit feuchter undurchdringlicher Nacht.
Als du auf die Leuchtziffern der Uhr schautest,
wie spät war es da?

IV
Unterhalb der Burg ein Abgrund, voll Sirren,
die Luft war still, der Körper wie eine Feder
zum Fliegen leicht: in den Abgrund hinabgleiten,
hinüber zu den kristallenen Türmen der Stadt,
durch ihre Mauern stürmen, einen einsamen Olivenbaum
erobern, auf deinem Haupt der Siegeskranz –
(ist es nicht das, was du dir

unter Frieden vorstellst?) –
vielleicht ein sorgenfreies Dasein
in nachbarlichem Kreise, ein Krug
mit künstlichen Blumen: das war die Zeit.

V
Wie unruhig alles ist, weil es
dauernd mit dem Maßstab der Zivilisation
gemessen wird,
auch die Natur. Ich hielt an und schaute mich
noch einmal um: Trauerweiden,
Flieder, Lavendel, lila blühend über das ganze
zum Mittelmeer offene Flußtal hin ...
Fernfahrer mit ihren mehr als Zwanzig-Tonnen-Lasten
heften Nerven, Blicke und Muskeln
ans Steuerrad, verfrachten unser Ersticken
an der Anarchie der Abfälle, eine aus
abgetrennten Adern sickernde bittere Flüssigkeit,
dazu die Sehnsucht nach lässigen Maschinen,
die täglich zunimmt. Am Rhônelauf entlang
Richtung Küste – Aus Deutschland kommen
verheißt nichts Gutes.

VI
Ich erinnere mich, es war in den Augen eines Mädchens
und
ist immer noch dort: als die dick getuschten
Wimpern sich hoben, wurde ein sonniger
Garten sichtbar,
darin die derwischgleiche Ruhe der Sehnsucht;
ein Lied, das wir alle kennen, rennt hüpfend
hinunter zur Küste, ans Meer, oder es hüpft
in einer rußigen Schänke auf die Weingesichter
– auch wenn der Alkohol
sie noch so sehr auswäscht, bleibt doch immer
die Spur der Angst.

VII

Alles kam auf Leistung an, das Ideal bestand nur aus
Zahlen,
Abzüge, unscharf, von einunddemselben Negativ,
in geblähten Städten Gestank von Kutteln und Fürzen,
Superkonjunktur, ein Elefant, aus dem Zirkus entlaufen,
steht an der Kreuzung, läßt die Fußgänger vor.
Zahllose Völker mit zahllosen Staatsangehörigkeiten,
wie auf Noahs Wunderarche, ihre Sintflutresistenz
mit komplizierten Berechnungen genau geprüft,
ein Meisterwerk technischer Möglichkeiten,
für jene Reise geeignet: in geheimem Auftrag
und mit unbekanntem Bestimmungsort.

VIII

Oh, ihr alle, die ihr die Reise überlebt habt:
in der Nacht, welche Nacht es auch sei,
wird der Mond scheinen,
auch wenn er sich zusammenkrümmt,
erschreckend rund, als ob er schwanger wäre –
wer dann nicht schlafen kann und
noch weniger aufwachen, der soll
mit uns die Ameise noch einmal erschaffen,
nach der Ameise den Erdboden,
die langhalsige Giraffe, den starken Ochsen,
nach dem Ochsen den Vogel, das Kraut,
den Berg, die Ebene... Auf jeder der
dahinziehenden Welten soll eine neue
Welt erstehen, geeicht
auf ein millionstel Gramm,
Traglast: eine Million Tonnen.

IX

Oh, geflügelte Motorräder am Himmel,
grüßt die Juniwärme!
Oh Zauberer, der die Welt von neuem
erschafft, öffne den Reißverschluß
für hemmungsloses Gelächter!
Welcher Sinfonie wollen wir lauschen

bei Kerzenlicht?
Einer nach der anderen.
Später schaukeln wir auf dem Rücken
eines Kamels zur Dattelplantage.

(1979)

4
Klagen Beschwerden Lieder
Darstellungen der Unsrigen in Berlin

Lied der Unsrigen in Berlin

Wo wir zuhause sind
da gibt es ein Wasser
eine Luft

die Arbeit
gräbt ihre Zeichen ein
aber alles bleibt
wie es ist

wo wir zuhause sind
schön ist es da
das Wasser ist klar
die Luft frisch

wo wir zuhause sind
wenn das hier wäre
wo wir hier sind
wenn das zuhause wäre
wenn ich endlich
mit der Geliebten
vereint wäre

wenn ich zugleich
zuhause und hier wäre
wenn die Kette meiner Uhr
die gleiche wäre

Klagelied eines der Unsrigen in Berlin wenn er an sein Land denkt

I
Es war einmal
Hunger
es war einmal
keinen Hunger mehr haben
es war einmal
recht haben aber kein Recht bekommen
Recht bekommen aber nicht im Recht sein

das war
meine Heimat

II
Es waren einmal
Seen und Flüsse
es waren einmal
Lippen vom Durst
gesprungen

das war
meine Heimat

III
Es war einmal
Weizen es war einmal
Roggen und Gerste
es war einmal einer
der wartete
mit ausgestreckter Hand
auf Brot

das war
meine Heimat

IV
Es war einmal
Geduld
es war einmal
Schweigen und Abschied
es war einmal
daß alle Qual dieser Welt
hereinbrach

über meine Heimat

V
Es war einmal
die Wirklichkeit
es war einmal
Hoffnung und wieder Angst
es war einmal etwas
das stahl sich davon
und log sich das Leben schön

das war
meine Heimat

Beschwerde der Unsrigen in Berlin in zwei Variationen

Beschwerde I

Wir arbeiten wir produzieren
Eier legen das können sie sagt ihr
ihr glaubt wohl wir sind Hühner

schick her gib her
dann leck dir die Hand
uns laß in Ruhe sagt ihr

was von uns kommt
Recht Fleiß und Geduld
was von euch kommt
ein lakonisches »na wie gehts«

jetzt reichts uns
wir reißen die letzte Brücke ab
Verrat am Vaterland sagt ihr

Beschwerde II

Wir sind hergekommen
»Wohnheim« sagt ihr
zu dem Stall in den ihr uns pfercht
wir sind keine Hühner

wer heute kommt kann morgen gehn
der versteht nicht einmal die Sprache sagt ihr
wir haben verstanden

wir wollten Geld sparen
seid dankbar für das was ihr kriegt sagt ihr
wir sind nicht so blöd

der Meister spielt den Chef
Hierarchie nennt ihr das
die Oma von nebenan spielt Prinzessin
wir sind kein Rad
das sich dreht nach leerem Geschwätz

wir arbeiten wir produzieren
Gastarbeiter na und sagt ihr
das Recht unseres Schweißes
lassen wir uns nicht nehmen

Darstellung von zwei der Unsrigen in Berlin

1. Darstellung:
ich bin von der ersten Generation,
Ahmet G. 42 Jahre alt,
von Geburt Landarbeiter,
hier seit 14 Jahren im Dauerakkord

die vielen Leiden über meine vielen Hoffnungen
sind in mir zu einem Meer zusammengelaufen,
das gleich überfließt.

2. Darstellung:
Ich bin von der zweiten Generation,
Özden B. 17 Jahre alt,
das ist alles.

Wer bin ich?
Wo bin ich? Was soll ich sagen?
In einem Stadtteil,
dessen Häuser, Kneipen,
Bars, Hinterhöfe,
Parkplätze und Spielhallen
ich auswendig kenne,
frage ich
nach mir unbekannten Straßen.

Verschiedene Bemerkungen der Unsrigen in Berlin

I
So sympathisch ich bin,
so stur bin ich auch,
gebrauche meine Ausdauer als Waffe.

II
Denn es ist schwer zu ertragen in einem Menschenleben
immer wieder von dort weggerissen zu werden,
wo man gerade Wurzeln schlägt.

III
Wieviele Sorgen
mir im Fleisch stecken neben der Lust
weiß niemand.

Sieh mal, der Wille der andern ist:
daß sich mein Körper mein Geist
nach ihren Zielen richtet.

Die tätowierte Rose meiner Leiden
ist aufgesprungen, wird aufspringen
meine Zukunft ist eine Knospe.

Anstelle eines Nachworts

EINER AUS DER DRITTEN GENERATION
DER UNSRIGEN IN BERLIN
GIBT SEINE WIRKLICHKEIT ZU PROTOKOLL:

Ich mag meine Oma nicht,
weil sie redet, was ich nicht verstehe.

Ich mag meinen Opa nicht,
weil er weint mit traurigen Augen,
wenn er mich sieht.

Meinen Vetter mag ich nicht,
weil er mir dauernd meinen Teddy klaut.

Ich mag Fräulein Sabine, unsere Kindergärtnerin,
weil sie mir tolle Märchen erzählt.

Ich mag Tante Elfriede, unsere Nachbarin,
weil sie mir Lutscher gibt.

Pappi,
warum bist du eigentlich
so böse auf mich?

Originalausgabe. Band 422o
FISCHER TASCHENBUCH VERLAG